___/___/___

___/___/___

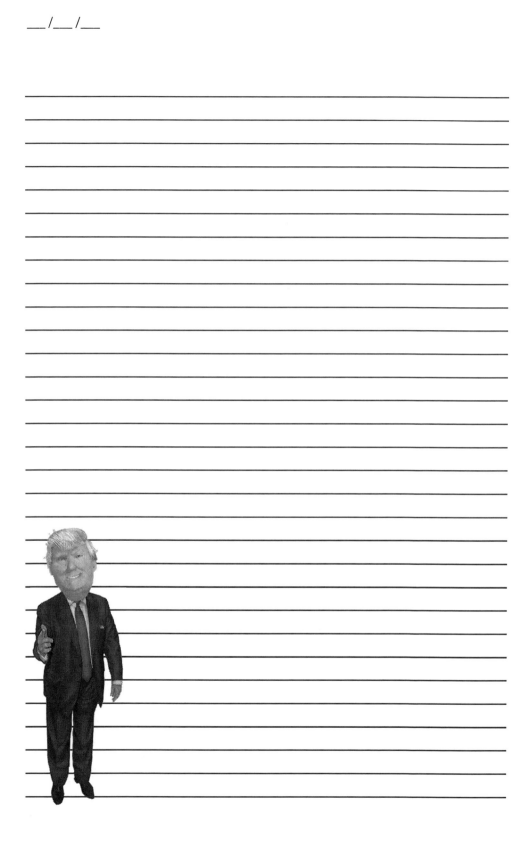

__ / __ / __

___/___/___

___/___/___

___/___/___

___/___/___

___/___/___

___/___/___

___/___/___

___ / ___ / ___

___ /___ /___

___/___/___

___/___/___

__/__/__

___/___/___

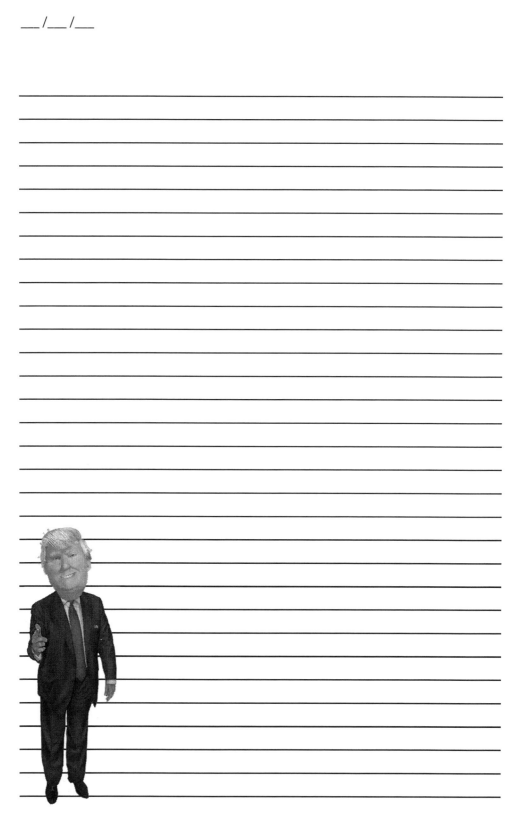

___ / ___ / ___

___/___/___

___/___/___

___/___/___

___/___/___

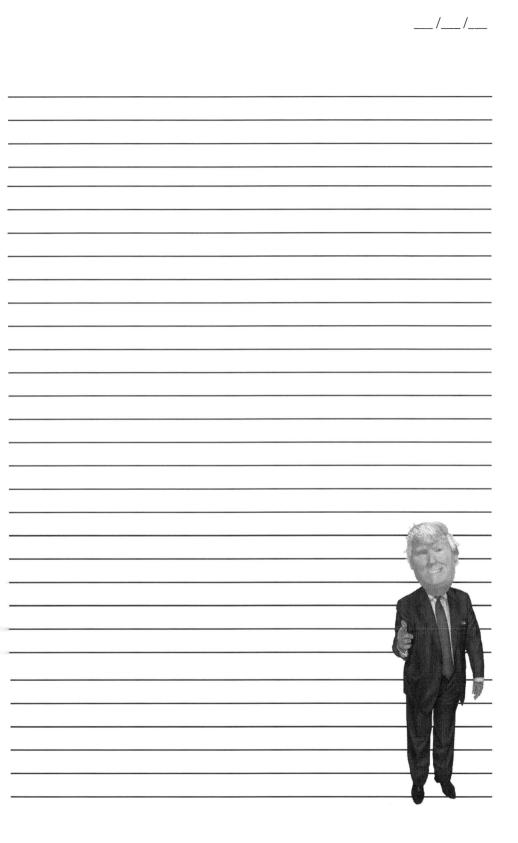

___/___/___

___/___/___

___/___/___

___/___/___

___/___/___

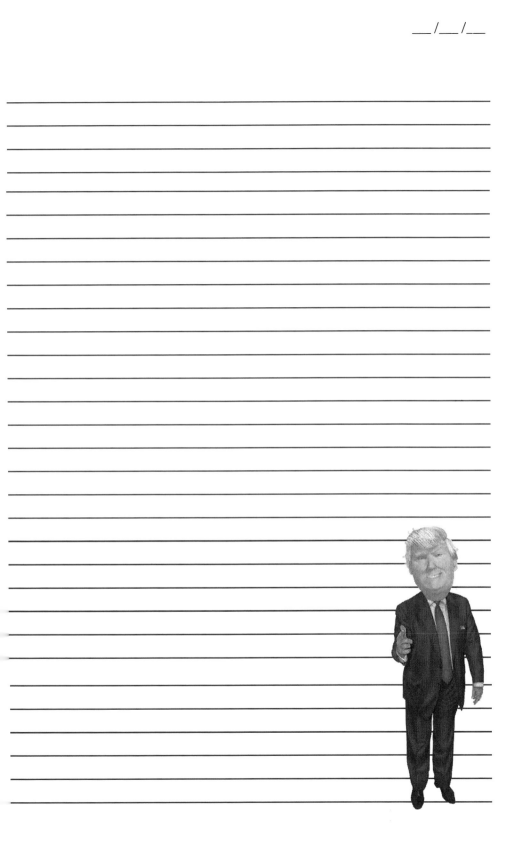

___/___/___

___/___/___

___/___/___

__/__/__

___/___/___

___ / ___ / ___

___ /___ /___

___/___/___

__/__/__

___/___/___

___ / ___ / ___

___/___/___

___/___/___

___ / ___ / ___

___/___/___

___/___/___

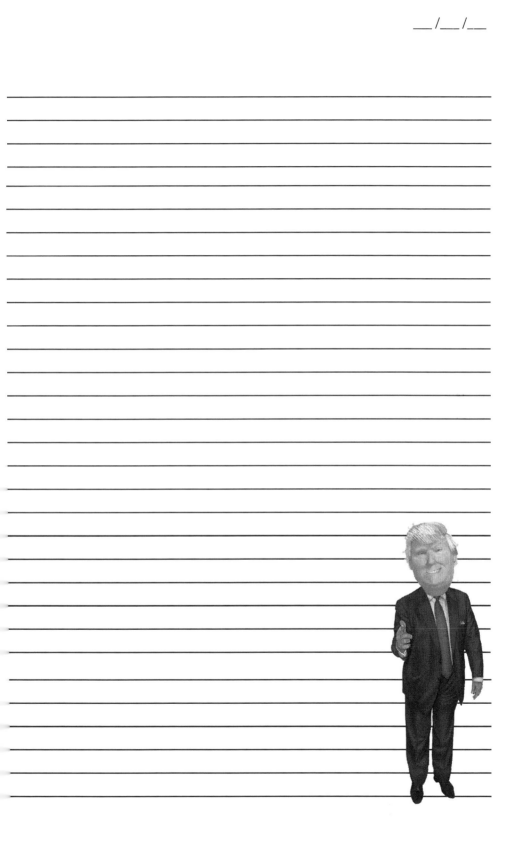

___/___/___

___/___/___

___ / ___ / ___

___/___/___

___/___/___

___ / ___ / ___

___/___/___

___/___/___

___ / ___ / ___

___/___/___

__/__/__

___/___/___

___/___/___

___/___/___

___/___/___

__/__/__

___/___/___

___ / ___ / ___

___/___/___

___ / ___ / ___

___/___/___

___/___/___

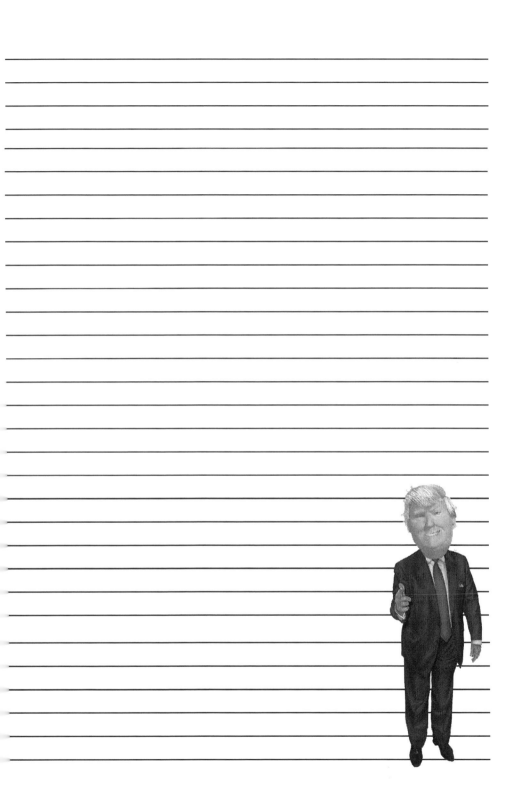

___/___/___

__/__/__

___/___/___

___/___/___

___/___/___

___/___/___

__/__/__

___/___/___

___/___/___

___/___/___

___ / ___ / ___

___ / ___ / ___

__/__/__

__/__/__

___ / ___ / ___

___/___/___

___/___/___

___/___/___

___ / ___ / ___

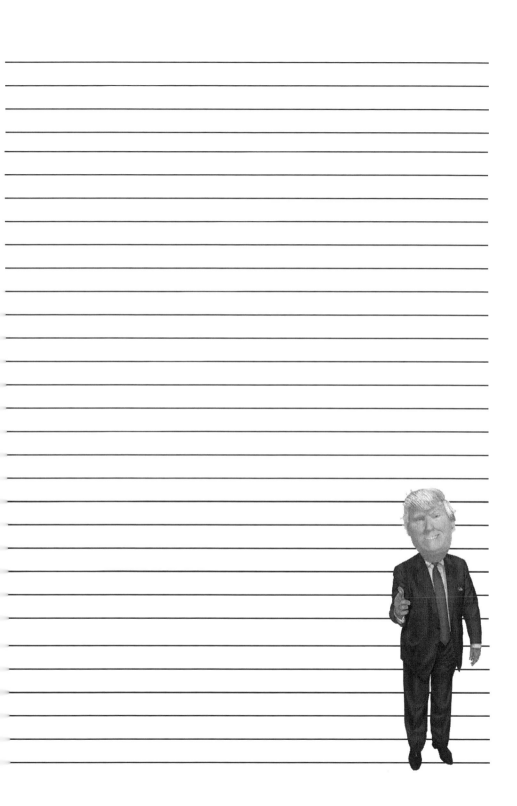

__/__/__

___/___/___

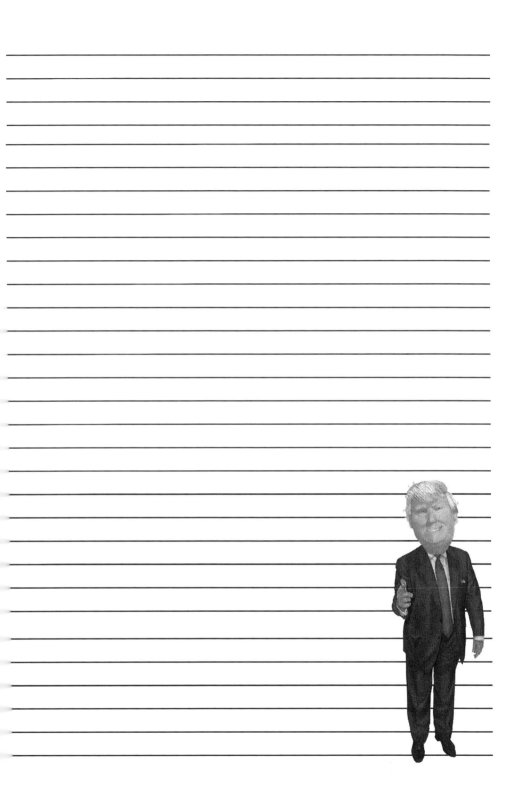

___/___/___

___/___/___

___/___/___

___/___/___

___/___/___

___/___/___

___/___/___

___/___/___

___/___/___

___/___/___

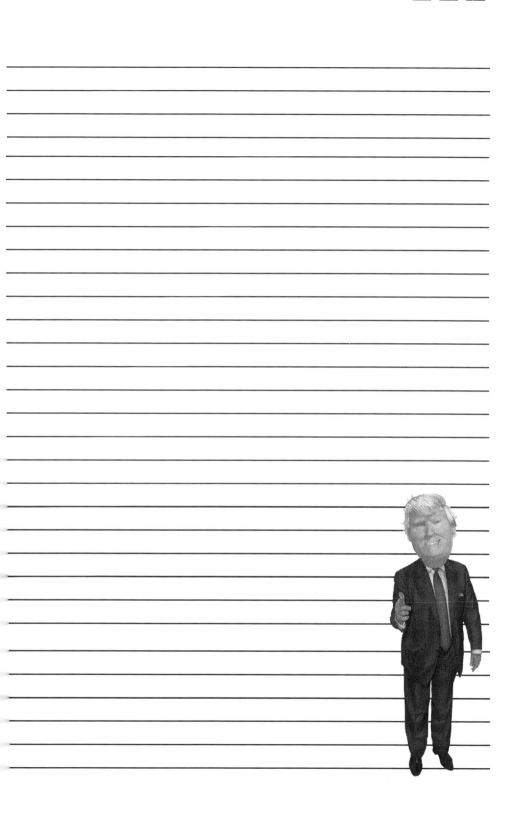

___/___/___

___/___/___

___/___/___

___/___/___

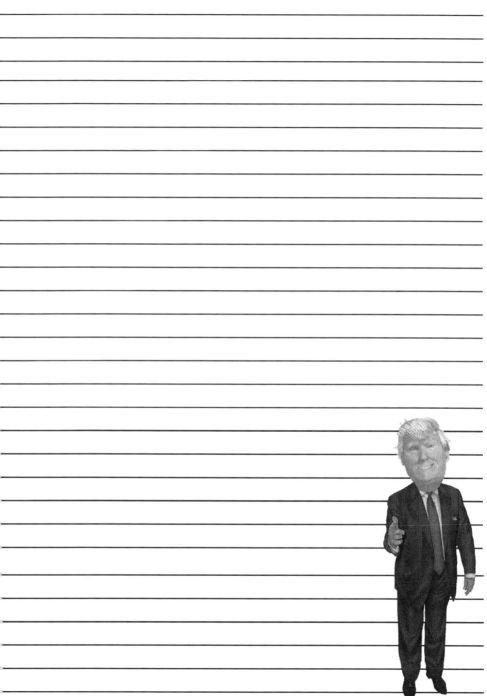

___/___/___

___/___/___

___/___/___

___/___/___

___/___/___

___/___/___

___/___/___

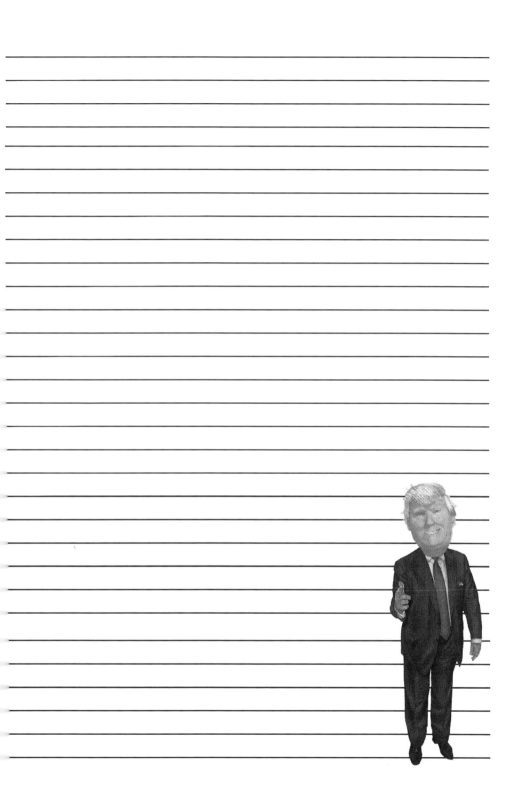

___ / ___ / ___

___/___/___

___/___/___

___/___/___

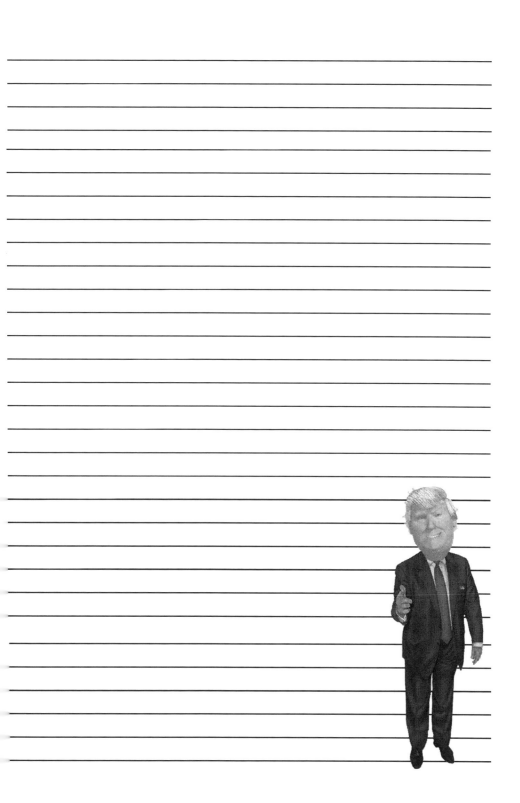

___/___/___

Made in the USA
Columbia, SC
19 October 2020